Jo-Jo 2

Sprachbuch
Arbeitsheft Fördern

erarbeitet von
Susanne Mansour
Martin Wörner

Cornelsen

Inhalt

Ordnen und nachschlagen

1 Lies das ABC-Lied.

A B C D E F G

H I J K L M N O P

Q R S T U V W

X Y Z, okay!

Das ist unser ABC.

Ja, so geht das Alphabet.

Frank Lemke

2 Verbinde die Buchstaben des ABC in der richtigen Reihenfolge.

3 Trage die fehlenden Buchstaben ein.

  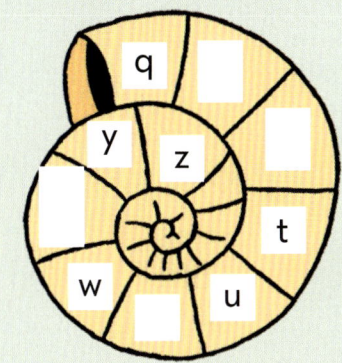

4 Ordne die Nomen nach dem ABC.
Male den ersten Buchstaben an.

Gras • **B**erg • **A**st • **W**urzel • **H**ecke

Spinne • **E**sel • **F**rosch • **M**aus • **T**iger

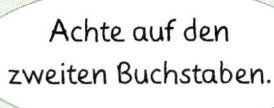
Achte auf den zweiten Buchstaben.

5 Ordne die Nomen nach dem ABC.
Male die ersten beiden Buchstaben an.

Ball • **Bu**sch • **Be**in • **Bi**ld • **Bl**ume

Tor • **Ta**fel • **Tu**rm • **Tr**eppe • **Ti**er

Silben schwingen

1 Sprich und schwinge die Wörter.
Zeichne Silbenbögen.

Löffel

Gabel

Dose

Käse

Schaukel

Pinsel

Messer

Teller

2 Sprich und schwinge die Wörter.
Finde die drei Wörter mit einer Silbe. Male sie an.

Käfer   Schaf   Ente   Hamster

Fisch   Raupe   Hund   Hase

In jeder Silbe steckt ein Silbenkönig.

3 Ordne die Wörter von Aufgabe 2.

eine Silbe | Schaf,
zwei Silben |

4 Schreibe die Wörter unter die Bilder.
Zeichne Silbenbögen.

| Obst • Telefon • Auto | Heft • Tomate • Tisch |

Obst

5 Schreibe die Reimwörter auf.
Zeichne Silbenbögen.

suchen

Kuchen

Tuch

Kasse

Zopf

Möwe

Rüssel

Selbstlaute (Silbenkönige) und Mitlaute

1 Sprich die Wörter.
Male in jeder Silbe den Selbstlaut an.

Taxi   Bank   Roller   Kuchen   Kirsche

2 Male an: Selbstlaute rot, Mitlaute blau.

A B C D E F G H I J K L M
N O P Q R S T U V W X Y Z

> Selbstlaute sind
> a, e, i, o und u.

3 Sprich die Wörter. Zeichne die Silbenbögen.

Lampe   Foto   Monat   Tante

Nudel   Name   Vater   Insel

4 Schreibe die Wörter von Aufgabe 3 auf.
Male die Selbstlaute an.

Lampe,

5 Schreibe die Reimwörter auf.
Male die Selbstlaute an.

Wal

Sch a l

Zelt

Turm

Wind

Topf

Mund

6 Schreibe in jede Silbe den passenden Selbstlaut.

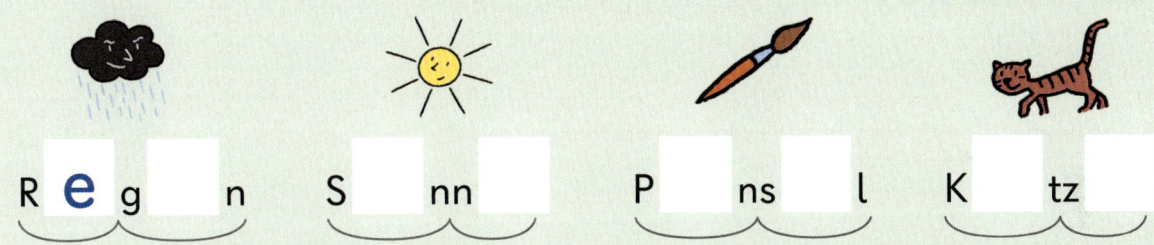

R e g ⏜ n   S ⏜ nn   P ⏜ ns l   K ⏜ tz

7 Schreibe die Nomen mit beiden Selbstlauten auf.
Male alle Selbstlaute an.

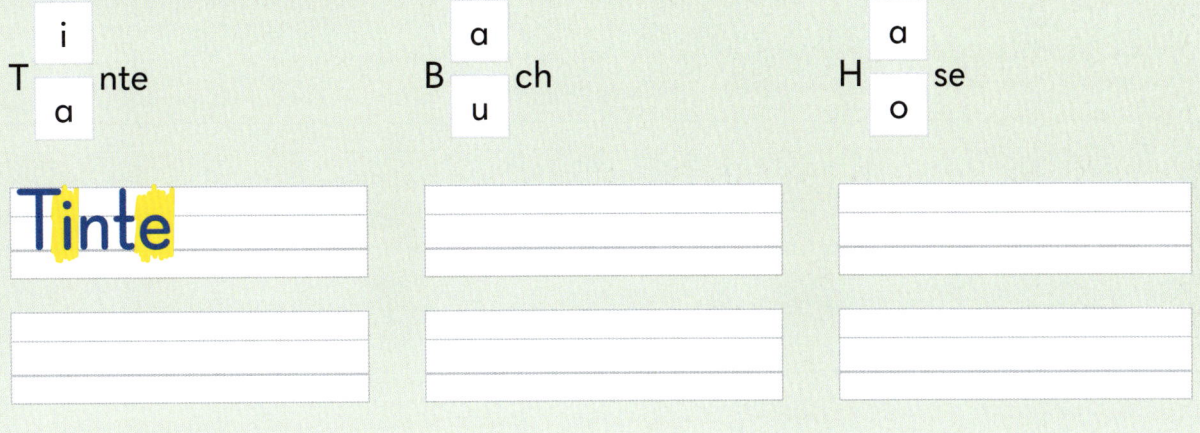

T [i / a] nte   B [a / u] ch   H [a / o] se

T i n t e

Silbenkönige: Zwielaute ◡

1 Male die Zwielaute farbig an: au, ei, eu.

Die Maus Meike macht heute

eine kleine Reise.

Zeus und Paul sind auch dabei.

Sie fahren mit dem neuen Auto

zu einer Baustelle.

Die drei staunen: Alles ist so groß.

Plötzlich entdeckt ein Arbeiter die Freunde.

Schnell laufen sie weg.

Das war ein aufregender Tag!

2 Ordne die Wörter mit den Zwielauten.

au   Maus,

ei

eu

3 Trage die fehlenden Zwielaute ein.

der **Eu** ro   die S ⬜ fe   der Z ⬜ n

⬜ n ⬜   l ⬜ se   br ⬜ n

die L ⬜ te   die Z ⬜ t   br ⬜ chen

4 Schreibe die Wörter von Aufgabe 3 auf.
Male die Zwielaute an.

au

ei

eu   der **Eu**ro,

5 Schreibe die Reimwörter auf.
Male die Zwielaute an. Zeichne Silbenbögen.

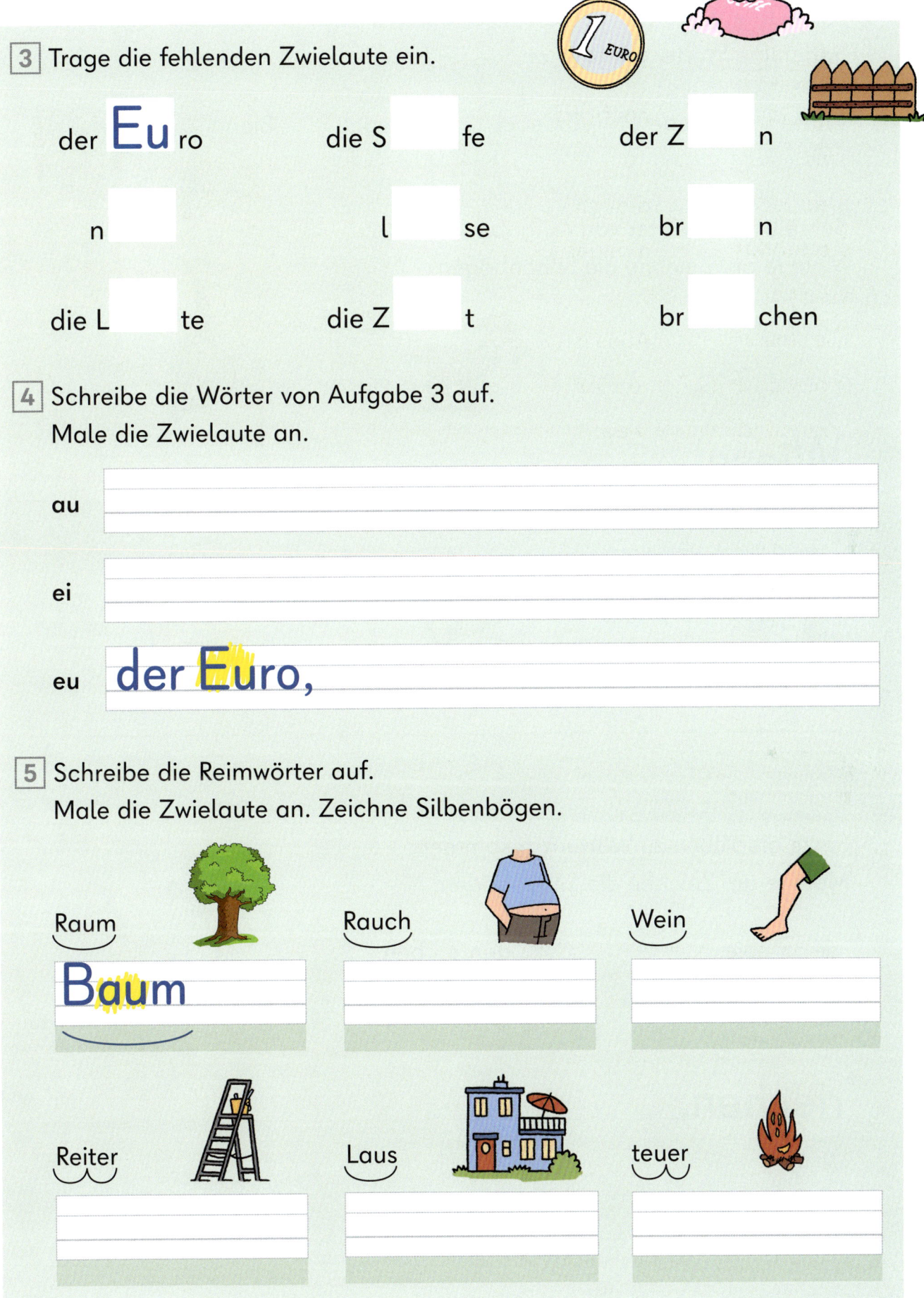

Raum   Rauch   Wein

Ba**u**m

Reiter   Laus   teuer

Wörter mit ie ⌣

1 Sprich die Wörter. Male **ie** an.

Wiese   Ziege   Zwiebel   Spiegel   Biene   Stiefel

2 Schreibe die Wörter von Aufgabe 1 auf.
Male **ie** an. Zeichne die Silbenbögen.

Wiese

3 Setze die Silben zu Wörtern zusammen.
Male **ie** an. Zeichne die Silbenbögen.

| rie | spie | | gen | ben |
| lie | flie | | chen | len |

riechen,

SB S. 88

4 Verbinde die Wortpaare.

Briefe	Lied
Tiere	Brief
Lieder	Dieb
Diebe	Tier

die Briefe – ein Brief

5 Schreibe die Wortpaare von Aufgabe 4 auf.
Male **ie** an.

Briefe – Brief,

6 Setze die passenden Wörter ein. Male **ie** an.

Riese • sieben • wie • viele • vier

Eine Woche hat **sieben** Tage.

Dienstags geht der _____ spazieren.

Zum Geburtstag bekommt Luisa _____ Geschenke.

Leo ist fast so groß _____ Ari.

Ein Auto hat _____ Räder.

Wörter mit doppelten Mitlauten

1 Lies die Wörter. Markiere die doppelten Mitlaute.

Qualle   Schlitten   Füller   Zettel

Tonne   Brille   Spinne   Sonne

2 Ordne die Wörter von Aufgabe 1.
Male die doppelten Mitlaute an.

> Schwinge die Wörter.

ll   Qualle,

nn

tt

3 Setze die Silben zu Wörtern zusammen.
Male die doppelten Mitlaute an.

| fal | wis | | nen | sen |
| kom | ken | | men | len |

fallen,

4 Schreibe die Reimwörter auf. Male die doppelten Mitlaute an.
Zeichne Silbenbögen.

Kanne

Wanne

Quelle

Kasse

Wette

Suppe

Mutter

5 Würfle und trage die Würfelpunkte ein.
Schreibe die Wörter auf.

⚀ dünne	⚀ Beine	sonnige Beine
⚁ helle	⚁ Sterne	
⚂ sonnige	⚂ Tage	
⚃ stumme	⚃ Fische	
⚄ schnelle	⚄ Autos	
⚅ satte	⚅ Schweine	

Wörter mit Sp/sp und St/st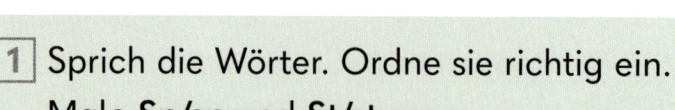

1 Sprich die Wörter. Ordne sie richtig ein.
Male **Sp/sp** und **St/st** an.

Stunde • Spinne • Stempel • Spaß • Stift • Sport

spülen • stellen • sparen • stören • stehen • spielen

 **Sp** Spinne,

 **sp**

 **St**

 **st**

2 Lies den Zungenbrecher laut. Schreibe ihn ab.
Male **Sp/sp** und **St/st** an.

Auf steilen Straßen stolpern spitze Stiefel.

Auf steilen

SB S. 92

3 Lies die Sätze. Unterstreiche das passende Verb.

Ein Specht spart/spielt Ping-Pong mit einem Hecht.

Ein Affe springt/spricht hinter eine Giraffe.

Ein Löwe staunt/streitet über eine Möwe.

4 Schreibe die Sätze von Aufgabe 3 ab. Male **sp** und **st** an.

Ein Specht spielt

5 Schreibe zu jedem Bild das passende Wort.
Male **Sp** und **St** an.

Stein

Schwierige Buchstabenverbindungen

1 Ordne die Wörter in die Tabelle.
Male **er**, **el** und **en** an.

Eimer • Apfel • Daumen • Schaukel • Feder • Wagen

Knochen • Bruder • Wurzel • Körper • Regen • Gabel

Wörter mit -er	Wörter mit -el	Wörter mit -en
Eimer		

> Manche Buchstaben sind schwer zu hören. Achte beim Schreiben darauf.

2 Finde zu jedem Verb zwei Reimwörter.
Verwende die Anfangsbuchstaben in den Feldern.

kennen br tr

singen kl br

winken bl tr

brennen

3 Setze die Silben zu Wörtern zusammen.
Male **r** an.

Ker	Bir		che	fel
Kir	Wür		ze	ne

Kerze,

4 Schreibe zu jedem Adjektiv das Gegenteil.
Male **r** an.

arm • schwer • klar   schwarz • warm • hart

trüb – klar   reich – ____   leicht – ____

kalt – ____   weich – ____   weiß – ____

5 Schreibe die Sätze ab. Male **r** an.

Meine Schwester turnt gerne.

Papa arbeitet im Garten.

Mama wartet vor der Tür.

Meine Schwester turnt

Ableiten: Wörter mit ä und äu

1 Verbinde die verwandten Wörter.

| die Nächte | die Gäste | die Säfte | die Mäntel |

| der Saft | die Nacht | der Mantel | der Gast |

2 Schreibe die Wortpaare von Aufgabe 1 auf.
Male ä und a an.

die Nächte – die Nacht,

3 Schreibe zu jedem Bilderpaar die passenden Wörter.
Male äu und au an.

| Häuser • Mäuse • Zäune • Bäume | Zaun • Haus • Baum • Maus |

Mäuse – Maus

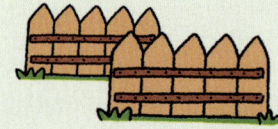 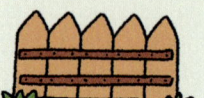

4 Finde zu jedem Wort mit **ä** oder **äu** ein verwandtes Wort mit **a** oder **au**. Male **ä/a** und **äu/au** an.

Äste • Träume • Dächer • Gärten • Bäuche

Äste – Ast,

5 Verbinde die verwandten Wörter.

der Räuber   verkaufen

die Wäsche   rauben

der Verkäufer   backen

der Bäcker   waschen

Wäsche kommt von waschen.

6 Schreibe die Wortpaare von Aufgabe 5 auf.
Male **ä/a** und **äu/au** an.

der Räuber – rauben,

Verlängern: Wörter mit b, d und g

1 Verbinde die verwandten Wörter. Male **b**, **d** und **g** an.

der Zwer**g**	der Dieb	das Kind	das Pferd

die Diebe	die Zwerge	die Pferde	die Kinder

2 Zähle. Schreibe die Zahl mit dem Nomen auf.
Male **b**, **d** und **g** an.

der Kor**b** – 12 Kör**b**e   das Kind –

das Pfer**d** –   der Die**b** –

der Zwerg –   das Klei**d** –

3 Schreibe zu jedem Wort die Verlängerung.
Male **b**, **d** und **g** an.

Verlängern hilft dir beim richtigen Schreiben.

Siebe • Wege • Züge • Räder

der We**g** – alle **Wege**

das Sieb – alle

das Rad – alle

der Zug – alle

4 Male **b**, **d**, **g** an.
Dann setze den fehlenden Buchstaben ein.

der Kor **b** – alle Kör**b**e   die Han – alle Hände

der Hun – alle Hunde   der Ber – alle Berge

5 Verlängere die Wörter. Schreibe die Wortpaare auf.
Male **b**, **d** und **g** an.

der Dieb • das Lied • der Freund • der Tag

der Die**b** – die Die**b**e,

Richtig schreiben   23

Merkwörter mit V/v

Manchmal klingt v wie f, manchmal wie w.

1 Schreibe zu jedem Bild das passende Wort.
Male **V** an.

Vater • ~~Vogel~~ • Verband • Vorhang

Vogel

Villa • Vase • Vulkan • Vampir

2 Schreibe den Zungenbrecher zweimal ab.
Markiere **V/v**.

Vier Väter verbinden verletzte Vampire.

Vier

Richtig schreiben

3 Ergänze **viel** oder **viele**. Male **v** an.

Ich habe [ ] Freunde.

Zusammen haben wir [ ] Spaß.

Oft spielen wir Fußball. Kim schießt immer [ ] Tore.

Sie spielt [ ] besser als ich.

4 Passt **vor** oder **von**? Unterstreiche richtig.

Die Zuschauer jubeln vor/von Freude.

Mara erzählt vor/von ihrer Katze.

Papa macht ein Foto vor/von uns.

Esra wartet vor/von der Tür auf mich.

5 Schreibe die Sätze von Aufgabe 4 ab.
Male **v** an.

Nomen

1 Kreuze alle Nomen an, die du auf dem Bild siehst.

☒ Spitzer ☐ Brille

☐ Brot ☐ Ball

☐ Apfel ☐ Heft

☐ Schere ☐ Brotdose

☐ Glas ☐ Radiergummi

☐ Tafel ☐ Banane

2 Schreibe die angekreuzten Nomen auf.
Male alle großen Anfangsbuchstaben an.

Nomen sind Namen für Menschen, Tiere, Pflanzen und Dinge.

Spitzer,

3 Schreibe die Nomen unter die Bilder.
Male den großen Anfangsbuchstaben an.

Baum • Katze • Vater • Glas

Vater

4 Ordne die Nomen.

Tante • Igel • Käfig • Busch   Ente • Kiste • Opa • Blume

Junge • Kaktus • Pferd • Glas

Menschen	Tiere	Pflanzen	Dinge
Tante			

5 In jedem Satz steckt ein Nomen.
Unterstreiche alle Nomen.

Der Vogel zwitschert.

Die Sonne scheint.

Das Mädchen rennt.

Das Gras wächst.

6 Male Menschen, Tiere, Pflanzen oder Dinge.
Schreibe die Nomen darunter.

Artikel

1 Male alle Dinge an, zu denen der Artikel **ein** passt.

- Korb
- Birne
- Buch
- Kugel

- der – ein
- die – eine
- das – ein

- Tasse
- Haus
- Igel
- Auto
- Drache

2 Ordne die Nomen von Aufgabe 1.

• der / ein	• die / eine	• das / ein
Korb		

3 Setze den unbestimmten Artikel ein: **ein** oder **eine**?

der Becher – ein Becher   die Decke – ___ Decke

das Glas – ___ Glas   der Löffel – ___ Löffel

4 Schreibe die Nomen mit dem bestimmten und dem unbestimmten Artikel auf.

● Bus   ● Brot   ● Dose   ● Mond

der Bus – ein Bus,

Bestimmte Artikel sind der, die und das.

5 In jedem Satz steht ein Artikel vor einem Nomen. Unterstreiche den Artikel und das Nomen.

Heute feiert die Oma Geburtstag.

Sie hat die Familie eingeladen.

Alle freuen sich auf das Fest.

Der Kuchen sieht sehr lecker aus.

Oma packt das Geschenk aus.

Die Katze schaut neugierig zu.

Einzahl und Mehrzahl

1 Verbinde jedes Bild mit der passenden Einzahl und Mehrzahl.

| der Elefant | die Robbe | der Bär | das Zebra | der Vogel |

| die Zebras | die Elefanten | die Robben | die Vögel | die Bären |

> Bei der Mehrzahl ist der Artikel immer die.

2 Schreibe die Nomen von Aufgabe 1 in die Tabelle.

Einzahl	Mehrzahl
der Elefant	

3 Setze die Nomen ein.

Bananen • ~~Äpfel~~ • Schwestern • Sterne

Wir schneiden drei **Äpfel** und vier _____ .

Nachts sehe ich den Mond und die _____ .

Neva hat einen Bruder und zwei _____ .

4 Schreibe die Nomen von Aufgabe 3 in der Einzahl auf.

der Apfel, _____

_____

5 Rechne und ergänze die Sätze.

1 Haus hat 1 Dach. 4 Häuser haben **4 Dächer** .

1 Auto hat 4 Räder. 3 Autos haben _____ .

1 Käfer hat 6 Beine. 2 Käfer haben _____ .

6 Schreibe zwei Sätze von Aufgabe 5 ab.

_____

_____

Zusammengesetzte Nomen

1 Setze die Nomen zusammen.

das Schloss + das Gespenst = **das Schlossgespenst**

der Vogel + das Nest = **das**

die Hand + der Ball = **der**

das Haus + die Tür = **die**

2 Trenne die zusammengesetzten Nomen durch einen Strich.
Schreibe dann beide Nomen mit Artikeln auf.

das Sofa|kissen = • **das Sofa** + • **das Kissen**

der Regen|wurm = • + •

das Vogel|futter = • + •

das Sommer|kleid = • + •

die Tee|kanne = • + •

3 Welche Nomen kannst du zusammensetzen?
Verbinde.

Kinder

Sport

Hand

Winter

Reise

Gummi

● Stiefel

● Tasche

Das zweite Nomen
bestimmt
den Artikel.

4 Schreibe die Nomen von Aufgabe 3 auf.

der Kinderstiefel,

5 Verbinde passend.

Ein Vogelhaus ist ...

Ein Apfelkuchen ist ...

Eine Bergspitze ist ...

Eine Kuchenform ist ...

die Spitze eines Berges.

eine Form für Kuchen.

ein Kuchen mit Äpfeln.

ein Haus für Vögel.

Verben

1 Schreibe die Verben unter die Bilder.
Male die Endungen an.

schlafen • graben • gähnen	rufen • malen • baden

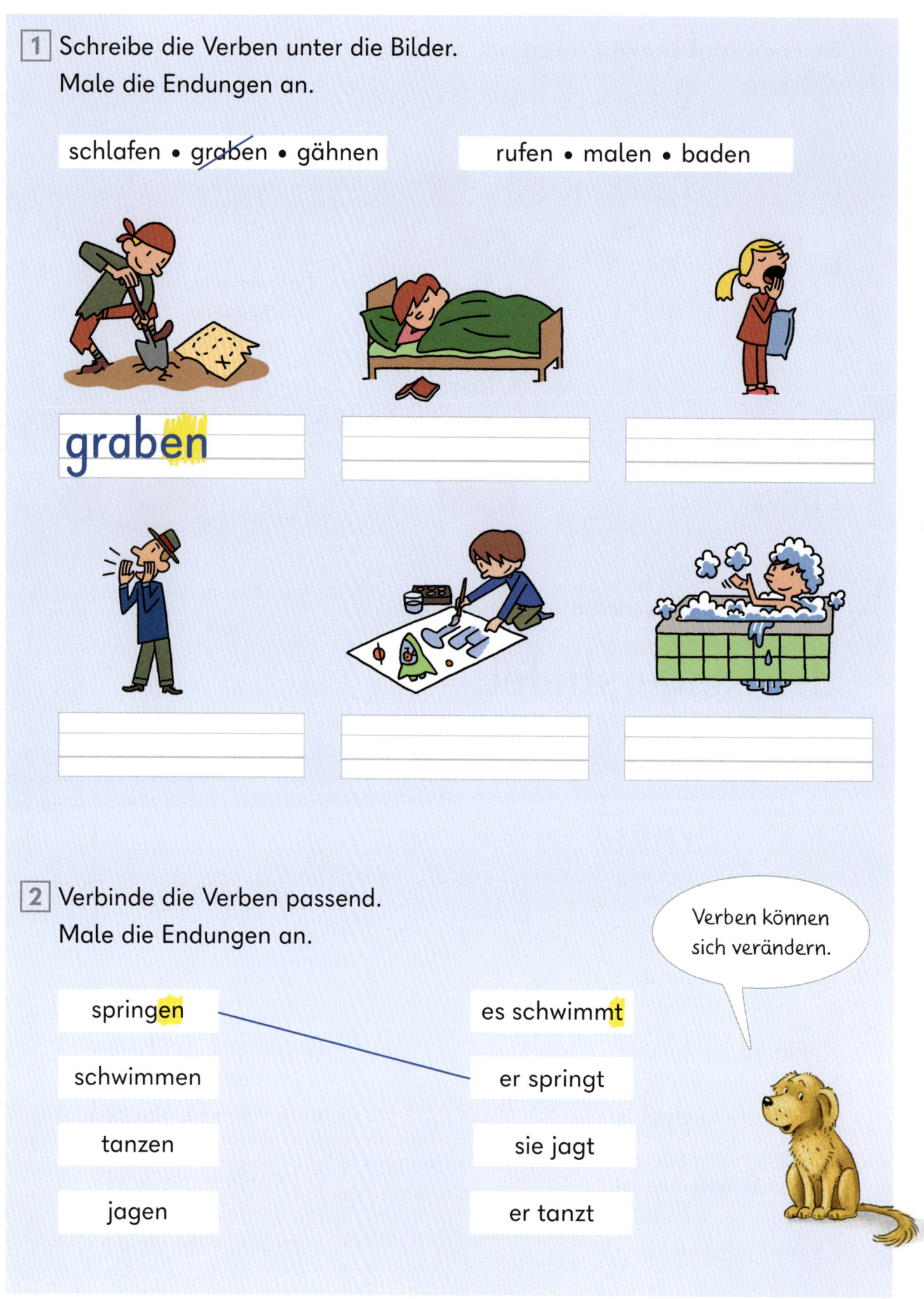

graben

2 Verbinde die Verben passend.
Male die Endungen an.

springen

schwimmen

tanzen

jagen

es schwimmt

er springt

sie jagt

er tanzt

Verben können
sich verändern.

3 Setze die Verben passend ein.

schwimmt • springt • tanzt • jagt • knabbert

Das Pferd **springt** über ein Hindernis.

Die Katze _____ die Maus.

Der Hund _____ auf zwei Beinen.

Der Hase _____ eine Mohrrübe.

Die Ente _____ im Teich.

4 Schreibe die passenden Verbformen auf.
Male die Endungen an.

	lernen	fliegen	malen
ich	lerne		
du	lernst		
er sie es	lernt		
wir	lernen		
ihr	lernt		
sie	lernen		

Adjektive

1 | Schreibe zu jedem Bild ein Adjektiv.

saftig • süß • schnell • hoch • gelb • ~~heiß~~

heiß

2 | Finde die Gegensätze. Schreibe sie zu den Bildern.

~~heiß~~ • schnell • groß • hoch

langsam • ~~kalt~~ • niedrig • klein

heiß – kalt

SB
S. 112

3 Setze die Adjektive passend ein.

groß • gelb • leicht • sauer • süß • weich • schwer • lecker

Die Zitrone ist **gelb** und _____ .

Die Birne ist _____ und _____ .

Der Elefant ist _____ und _____ .

Die Feder ist _____ und _____ .

4 Schreibe zu jedem Bild einen Satz.
Unterstreiche das Adjektiv.

lang   hart   kalt   spitz

Der Wurm ist _lang_.

_____

_____

Wortstamm und Wortfamilie

1 Unterstreiche alle Wörter mit dem Wortstamm **Spiel/spiel**.

Heute ist in der Schule ein Spielenachmittag.

Farwa darf ein Spiel aussuchen.

Sie entscheidet sich für ein Würfelspiel.

Sechs Kinder können mitspielen.

Ein Kind liest die Spielregeln vor.

Dann wird gespielt.

2 Schreibe die Wörter von Aufgabe 1 ab.
Unterstreiche den Wortstamm **Spiel/spiel**.

Spielenachmittag,

3 Bilde Wörter mit dem Wortstamm **Steck/steck**.
Unterstreiche den Wortstamm.

dose

Steck — nadel

brief

WANTED

Mc Segelohr
BELOHNUNG: x
1 APFEL + 1 EI

an

weg — steck — en

ver

Steckdose,

4 Male die Wortfamilien an: **laufen** rot, **kaufen** grün.

Laufschuhe	Kaufhaus	weglaufen	Kreislauf
Einkaufskorb	Verkauf	verlaufen	einkaufen

5 Ordne die Wörter von Aufgabe 4.
Unterstreiche die Wortstämme **Kauf/kauf** und **Lauf/lauf**.

Kauf/kauf   Lauf/lauf

<u>Lauf</u>schuhe

6 Ein Wort passt nicht in die Wortfamilie.
Streiche es durch.

Schreibtisch • schreiben • beschreiben • Füller

anrufen • Anruf • Telefon • zurückrufen

Maler • malen • Pinsel • Malkasten

Achte auf den Wortstamm.

Wörterspiele

1 Lies laut. Unterstreiche die Reimwörter.

Ein Fisch liegt unter dem Tisch.

Eine Schnecke kriecht unter die Decke.

In der Wiege liegt die Ziege.

Auf dem Turm sitzt ein Wurm.

Der Wal trägt einen Schal.

2 Entziffere die geheime Botschaft.

A	B	C	D	E	F	G	H	I	J	K	L	M
1	2	3	4	5	6	7	8	9	10	11	12	13

N	O	P	Q	R	S	T	U	V	W	X	Y	Z
14	15	16	17	18	19	20	21	22	23	24	25	26

11	15	13	13	5
K	O			

8	5	21	20	5

21	13

22	9	5	18

26	21

13	9	18

5	19

9	19	20

7	5	8	5	9	13

9	3	8
11	15	13	13	5
13	9	20

3 Löse die Geheimschrift.

W◆cht◆g● M●ld◆ng:

K✳mm● ◆m M◆ttern❖cht z◆m B❖hnh✳f.

Br◆ng● ●◆ne T❖sch●nl❖mp● m◆t.

❖ = a
● = e
◆ = i
✳ = o
💧 = u

Wichtige

4 Schreibe lustige Sätze. Wähle aus jedem Kasten ein Wort.

Frido		fragt		fröhliche		Frösche
Fabius	+	findet	+	freundliche	+	Fledermäuse
Frieda		fängt		friedliche		Fliegen

Fabius fängt freundliche Fliegen.

Wortbausteine

1 Schreibe die Verben mit dem Wortbaustein auf.
Male den Wortbaustein an.

aus	leihen
	malen
	teilen

an	sehen
	halten
	hören

ausleihen,

2 Bilde mit den Wortbausteinen neue Verben.
Male den Wortbaustein an.

sagen
auf   ab
vor   zu

nehmen
weg   ab
auf   mit

aufsagen,

SB
S. 118

3 Bilde mit den Wortbausteinen neue Verben.
Würfele zu jedem Verb 4-mal.

⚀	⚁	⚂	⚃	⚄	⚅
ab	mit	ver	auf	aus	vor

Schreibe auf,
was du gewürfelt hast.

schreiben	geben
⚁ mitschreiben	

4 Setze die Verben passend ein.

auspacken • einpacken • wegpacken

Lisa will das Geschenk **einpacken**.

Jan muss sein Pausenbrot _____.

Papa möchte die Einkaufstasche _____.

Aussagesätze und Fragesätze

1 Verbinde die Satzteile.

Die Clowns	zeigt	viele Tricks.
Die Zuschauer	spielen	begeistert.
Der Zauberer	klatschen	Harmonika.

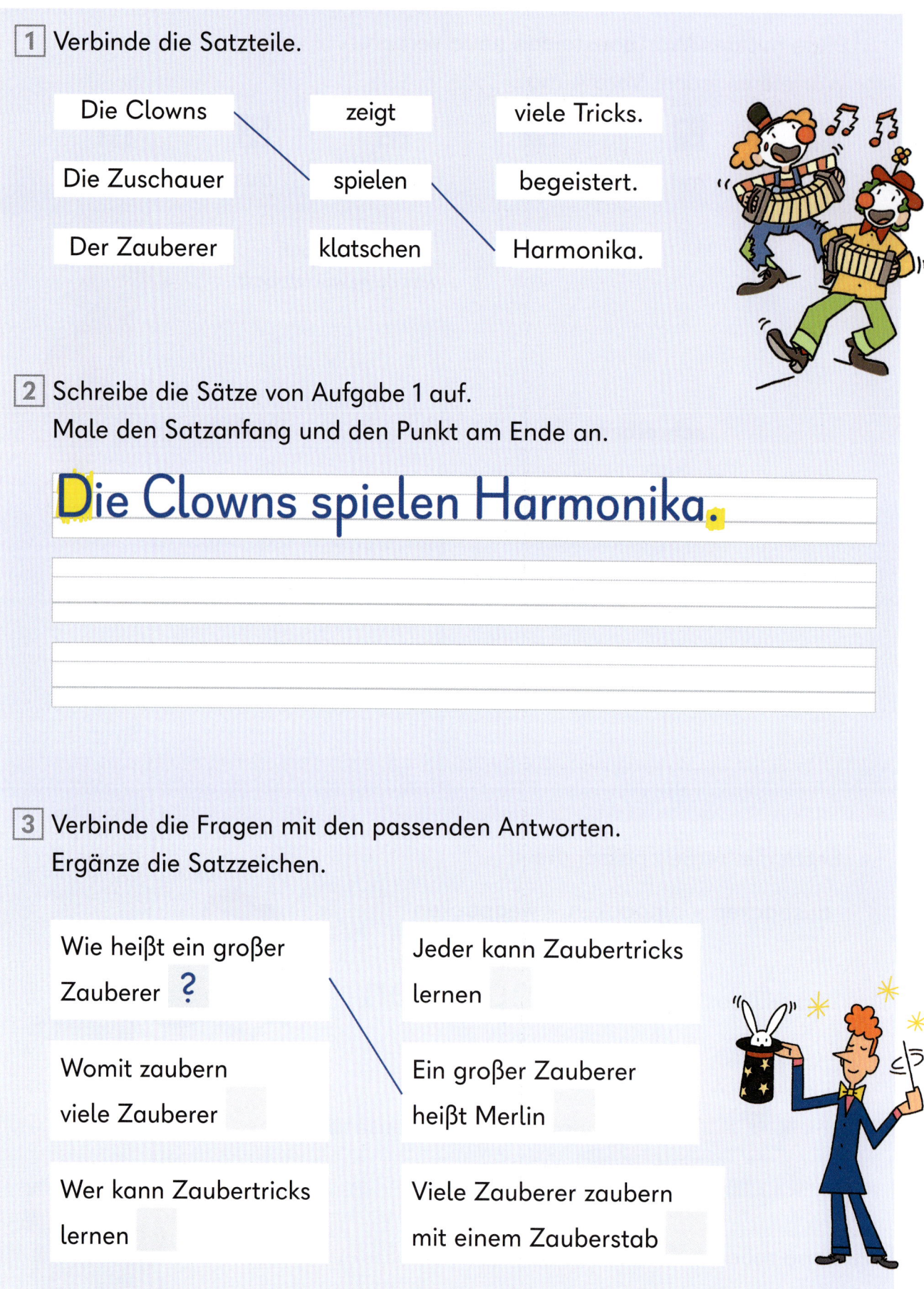

2 Schreibe die Sätze von Aufgabe 1 auf.
Male den Satzanfang und den Punkt am Ende an.

Die Clowns spielen Harmonika.

3 Verbinde die Fragen mit den passenden Antworten.
Ergänze die Satzzeichen.

Wie heißt ein großer Zauberer **?**	Jeder kann Zaubertricks lernen
Womit zaubern viele Zauberer	Ein großer Zauberer heißt Merlin
Wer kann Zaubertricks lernen	Viele Zauberer zaubern mit einem Zauberstab

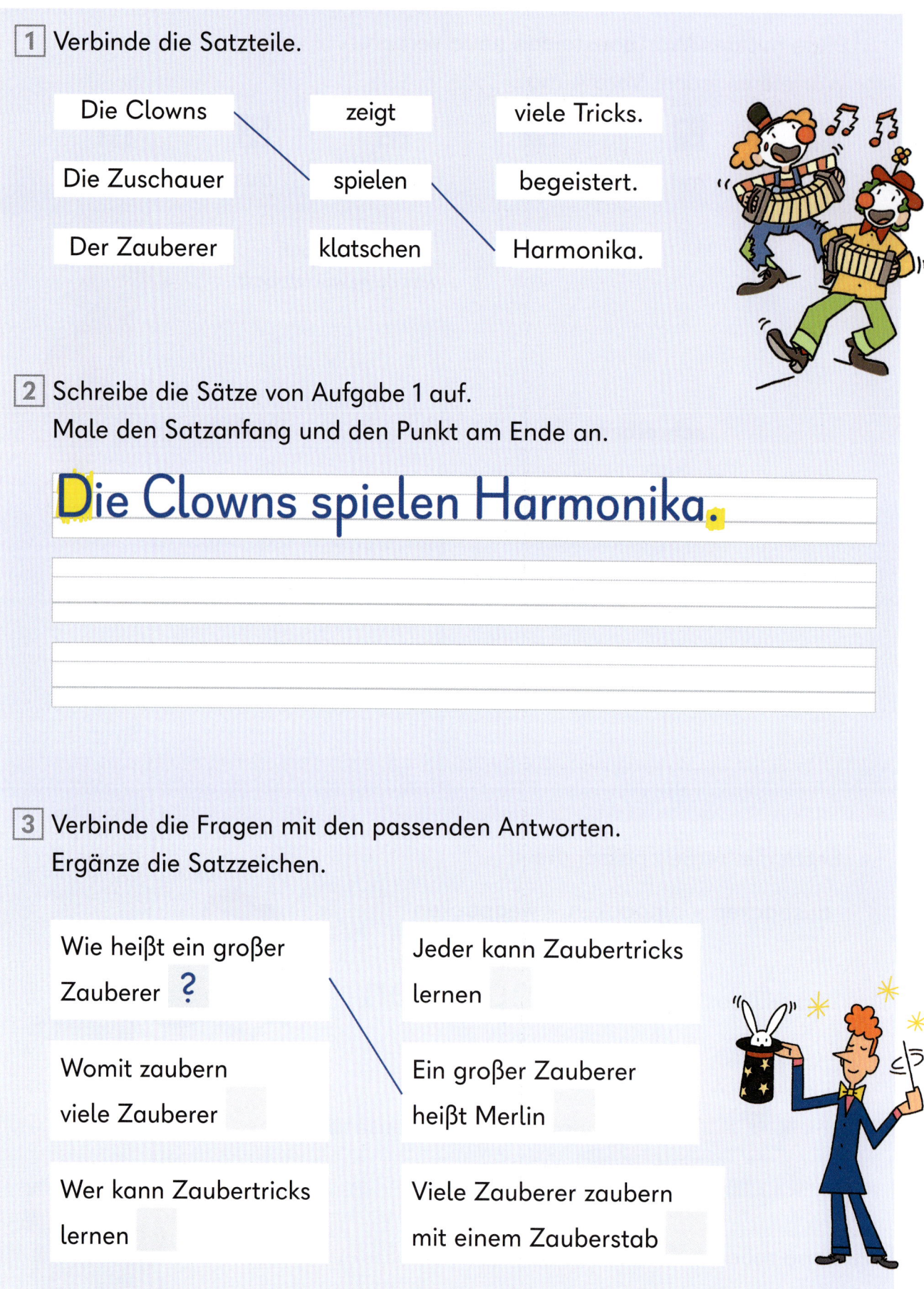

4 Bilde Fragesätze. Denke an das Fragezeichen am Satzende.

1) heißt   deine Lehrerin   Wie

2) Wo   die Sportschuhe   sind

3) beginnt   Wann   die Schule

1) Wie heißt deine Lehrerin?

2)

5 Setze das passende Fragewort ein.
Ergänze die Satzzeichen.

Wer • Was • Wo

Wer? Was?
Wie? Wo?

Wer arbeitet gut zusammen **?**

Jan und Samira arbeiten gut zusammen

_____ leiht sich die Klasse 2a aus?

Die Klasse 2a leiht sich Bücher aus

_____ hat Ben sein Heft vergessen?

Ben hat sein Heft in der Schule vergessen

Satzarten und Satzschlusszeichen

1 Schreibe die Sätze ab. Markiere die Satzschlusszeichen.

| Was macht Robo? | Robo geht mit dem Vogel spazieren. |

| Oh nein! | Robo, gehe mit dem Hund spazieren! |

Was macht Robo?

2 Robo macht alles falsch. Sprich die Aufforderungen mit Nachdruck. Ordne sie zu.

| Stelle die Blumen in die Vase! | Räume das Geschirr in das Regal! |

| Putze das Küchenfenster! |

Stelle

3 Sprich die Sätze von Aufgabe 2 freundlich und ohne Nachdruck.
Schreibe die Sätze als Bitte auf.

Stelle bitte die Blumen

in die Vase.

4 Sprich Satz für Satz.
Trage die fehlenden Satzschlusszeichen ein.

Florian ist ganz aufgeregt .

Er geht heute mit Papa ins Fußballstadion

Wo ist nur sein Schal

Er möchte ihn so gern ins Stadion mitnehmen

Wer könnte ihn weggeräumt haben

Papa ruft: „Komm endlich, wir verpassen den Anpfiff   "

So ein Mist   Nun muss Florian wohl ohne Schal gehen

Kleine Texte schreiben

1 Lies die Rätsel.
Verbinde mit den richtigen Häusern.

> Das Haus hat eine große Tür.
> Das Dach ist rot.
> Vor dem Haus ist ein Garten.
> Auf der Wiese stehen
> zwei Bäume.
> Im Haus wohnt eine Familie.

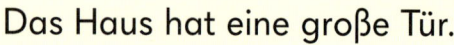

> Das Haus hat eine große Tür.
> Das Dach ist rot.
> Vor dem Haus ist ein Garten.
> Auf der Wiese steht
> ein Brunnen.
> Im Haus wohnt eine Prinzessin.

2 Finde passende Stichworte zum dritten Haus.
Schreibe sie auf.

| viele Fenster | ein Brunnen | eine blaue Tür | ein Garten |

| eine Familie | Blumen | ein schwarzes Dach | eine Hexe |

eine blaue Tür,

3 Schreibe einen Rätseltext zum dritten Haus.

Das Haus hat

Das Dach ist

Vor dem Haus ist

Auf der Wiese stehen

Im Haus wohnt

4 Kreuze die Stichwörter an, die zum Trampolin passen.

X Sportgerät

☐ damit hupen

☐ steht auf Ständern

☐ hat ein Lenkrad

☐ Netz außen herum

☐ hat ein Sprungtuch

☐ darauf hüpfen

☐ fährt auf Rädern

5 Beschreibe das Trampolin.

Das Trampolin ist ein Sportgerät.

Es

Geschichten planen

1 Sieh dir die Bilder an.

2 Lies die Sätze. Nummeriere in der richtigen Reihenfolge.

☐ Er ist **an einem stürmischen Morgen** im Herbst unterwegs.

1 **Felix** ist ein kleiner Junge mit einer coolen Mütze.

☐ Durch den Park läuft Felix **zur Schule**.

☐ Plötzlich bläst der Wind seine **Mütze auf einen Ast**.

3 Schreibe die Geschichte in der richtigen Reihenfolge auf.

So ein Pech!

Felix

4 Ordne jedem Bild zwei Stichworte zu.

~~Anna~~   kauft Eis   Mädchen   Eis fällt   Schaukel   Spielplatz

Anna		

5 Lies die Sätze.
Nummeriere in der richtigen Reihenfolge.

☐   Sie läuft mit dem Eis zum Spielplatz.

☐   Heute kauft Anna sich ein leckeres Eis.

1   Anna ist ein Mädchen mit blonden Haaren.

☐   Dort setzt sie sich auf die Schaukel und fängt an zu schaukeln.

☐   So ein Ärger!

☐   Beim Schaukeln fällt ihr das Eis in den Sand.

Du kannst die Geschichte auch abschreiben.

Geschichten entwickeln

1 Überlege dir den Anfang für eine Geschichte.
Wähle dazu drei passende Kärtchen aus. Male sie an.

Ayleen und ihr Bruder Mika ...

spielen	an einem heißen Tag	im Sandkasten.
liegen	nachmittags	im Freibad.

2 Wähle aus, was passiert.
Male die passenden Sätze an.

Plötzlich ziehen dunkle Wolken auf.	Er rutscht aus und fällt in den Sand.	„Aua!", schreit er und hält sich den Arm.
Mika klettert auf das Klettergerüst.	Dicke Tropfen prasseln vom Himmel.	Die beiden Kinder werden pitschnass.

3 Wähle aus, was danach passiert.
Male die passenden Sätze an.

Zwei Sanitäter kommen und bringen Mika ins Krankenhaus.	Schnell holt Ayleen Hilfe.	Sie stellen sich schnell unter ein Dach.	...

4 Wähle einen passenden Schluss.

Zum Glück ist Mikas Arm nicht gebrochen. Zum Trost bekommt er ein großes Eis.

Bald kommt die Sonne wieder heraus. Endlich können Mika und Ayleen wieder im Wasser toben!

Nach dem Gewitter gehen Mika und Ayleen nach Hause. Den Rest des Tages spielen sie drinnen.

5 Schreibe deine Geschichte auf.
Überlege dir eine passende Überschrift.

Lies deine Geschichte noch einmal durch.

Bildergeschichten aufschreiben

1 Schreibe neben jedes Bild den passenden Satz.

Er fliegt immer höher,
dann auf die Schaukel zu.

Ida lässt ihren neuen
Hubschrauber fliegen.

Der Hubschrauber landet sicher.
Ida liegt im Planschbecken. So ein Pech!

Ida rennt hinterher.

Ida lässt

Er fliegt

Ida rennt

Der Hubschrauber

2 Ordne die Sätze den Bildern zu.

Tim spielt ein Computerspiel.

Sie spielen zusammen und vergessen die Zeit.

Schnell sind zwei Stunden um.

Sein Vater will ihn holen. Es gibt Mittagessen.

3 Schreibe die Geschichte von Aufgabe 2 auf.
Verwende auch diese Sätze:

Da sieht Vater das Spiel. Jetzt will er auch spielen.

Das spannende Computerspiel

Tim

Texte überarbeiten

1 Lies die Geschichte.
Male das Wort **dann** an.

Der neue Ball

Matilda spielt mit einem neuen Ball.

<mark>Dann</mark> rollt der Ball zum Hoftor hinaus.

Dann läuft das Mädchen hinterher.

Dann kommt ein Hund und beißt in den Ball.

Dann ruft Matilda: „Der schöne, neue Ball!"

> Verschiedene Satzanfänge machen die Geschichte interessanter.

2 Verbessere die Geschichte von Aufgabe 1.
Ersetze **dann** durch andere Satzanfänge.

| Schnell | ~~Auf einmal~~ | Plötzlich | Traurig |

Der neue Ball

Matilda spielt mit einem neuen Ball.

Auf einmal | ~~Dann~~ rollt der Ball zum Hoftor hinaus.

_____ | Dann läuft das Mädchen hinterher.

_____ | Dann kommt ein Hund und beißt in den Ball.

_____ | Dann ruft das Mädchen: „Der schöne, neue Ball!"

Texte verfassen

SB S. 132

3 Lies Matildas Text. Überlege, wie die Wörter und Sätze richtig geschrieben werden.

oft spiele ich in unserem Hof

manchmal stört mich der hund von nebenan

Er beißt gern in Bälle. gestern ist mein neuer ball

mit einem lauten knall zerplatzt

4 Schreibe Matildas Text richtig auf. Denke an alle Satzzeichen.

Oft spiele ich

5 Setze die Verben aus dem Wortfeld **essen** richtig ein.

| schmatzen | kauen | ~~probieren~~ | schlecken |

Hurra, ein Picknick! Wir probieren von allen Speisen.

„Nicht so laut _____!", ruft Mama.

Zum Schluss _____ wir noch ein leckeres Eis.

Den Zahnputz-Kaugummi müssen wir lange _____ .

Informationen sammeln

1 Lies den Text.

Eichhörnchen

Eichhörnchen leben im Wald oder in Parks.

Sie werden etwa 25 cm groß.

Eichhörnchen haben lange Krallen und

einen buschigen Schwanz.

Sie klettern auf Bäume und springen von Ast zu Ast.

Die Nagetiere fressen Nüsse, Samen und Früchte.

Manchmal rauben sie auch Eier aus Vogelnestern.

2 Beantworte die Fragen.

1) Wo leben Eichhörnchen?

Eichhörnchen leben **im Wald oder in Parks.**

2) Wie sehen Eichhörnchen aus?

Sie haben

3) Was fressen Eichhörnchen?

Sie fressen

4) Was rauben sie aus Vogelnestern?

Manchmal rauben sie aus Vogelnestern

SB
S. 134

3 Lies den Text und die Fragen.
Unterstreiche zu jeder Frage die passende Antwort.

Dinosaurier

Die Dinosaurier lebten vor Millionen Jahren.

Manche hatten Hörner, messerscharfe Krallen

und große Zähne.

Einige Dinosaurier liefen auf vier Beinen,

andere auf zwei Beinen.

Viele Dinosaurier fraßen Blätter, Zweige und Gras.

Es gab aber auch Fleischfresser.

Vor etwa 65 Millionen Jahren starben die Dinosaurier plötzlich aus.

1) Wann lebten die Dinosaurier?	2) Was hatten manche Dinosaurier?
3) Was fraßen viele Dinosaurier?	4) Wann starben die Dinosaurier aus?

1) Die Dinosaurier lebten _____

2) Manche Dinosaurier hatten _____

_____

3) Viele Dinosaurier fraßen _____

_____

4) Die Dinosaurier starben _____

_____

Texte vortragen

1 Lies den Anfang der Geschichte.
Mache bei jedem Strich eine kleine Pause.
Betone die unterstrichenen Wörter.

In der <u>Achterbahn</u>

In der <u>Stadt</u> | gibt es einen <u>großen</u> Jahrmarkt. |

Dort gibt es <u>viele</u> Stände und Karussells. |

Karla und Elias wollen mit der <u>Achterbahn</u> fahren. |

2 Lies, wie die Geschichte weitergeht.
Mache bei jedem Strich eine kleine Pause.
Unterstreiche in jedem Satz ein Wort, das du betonen willst.

Die beiden <u>Kinder</u> steigen ein. |

Langsam fährt die Bahn los. |

Es geht hoch hinauf! |

Dann saust die Bahn steil hinab |

und fährt auf den Looping zu. |

Plötzlich wird sie langsamer und

bleibt mitten im Looping stehen. |

| Oh Schreck! | Elias bekommt Angst. |

Aber Karla bleibt ruhig und sagt: |

„Es geht bestimmt gleich weiter!" |

Und so ist es auch. |

3 Karla und Elias erzählen zu Hause von ihrem Abenteuer.
Betone die unterstrichenen Wörter.

Versuche, die Sätze auswendig zu sprechen.

Ich hatte <u>solche</u> Angst!

Ich fand es <u>lustig</u>!

<u>Diese</u> Bahn fahre ich <u>nie</u> wieder!

Ich bin gleich <u>nochmal</u> gefahren.

4 Lies die Fragen und die Antworten.
Betone die unterstrichenen Wörter.
Ordne die Antworten zu.

Hattest <u>du</u> große Angst?

Hattest du <u>große</u> Angst?

Gehen wir <u>morgen</u> auf den Jahrmarkt?

Gehen wir morgen auf den <u>Jahrmarkt</u>.

Nein, ich hatte nur <u>ein bisschen</u> Angst.

Nein, <u>Elias</u> hatte große Angst.

Nein, morgen gehen wir <u>ins Kino</u>.

Nein, wir gehen erst <u>am Samstag</u>.

Einladungen

1 Ein Satz passt nicht zur Einladung. Streiche ihn durch.

Liebe Anna!

Ich lade dich zu meinem Ritterfest ein!
Komm bitte verkleidet. Das Fest findet bei mir statt.
Die Adresse ist Kirchweg 9. Im Wald stehen viele Bäume.
Beginn: 3. August, 14.00 Uhr.
Ende: 18.00 Uhr.

Dein Linus

2 Schreibe die Einladung richtig auf.

Anrede

Liebe Anna!

Einladung wozu

Ich lade dich

Ort

Das Fest findet

Datum, Beginn

Beginn:

Ende

Ende:

Grüße

Texte verfassen

SB
S. 138

3 | Denke dir eine Feier aus. Ergänze die Einladung.

Geburtstag   Grusel-Party   Herbstfest   ...

Anrede

Liebe

Einladung wozu

Ich lade dich

Ort

Datum, Beginn

Ende

Grüße

Wissen die Gäste, wann und wohin sie kommen sollen?

Steckbriefe und Diagramme

1 Vergleiche den Steckbrief und das Bild.
Ergänze auf dem Bild, was fehlt.

Name:	Tim
Haare:	blond, kurz
Augen:	blau
Merkmal:	Brille
Kleidung:	kurze Hosen
Eigenschaft:	hilfsbereit
Hobby:	Bücher

2 Ergänze den Steckbrief.

braun   Sommersprossen   gestreiftes T-Shirt

Paula   schwarz   sportlich   Waveboard

Name:

Haare:

Augen: braun

Merkmal:

Kleidung:

Eigenschaft:

Hobby:

3 Male dich selbst. Schreibe den passenden Steckbrief.

Name:

Haare:

Augen:

Merkmal:

Kleidung:

Eigenschaft:

Hobby:

4 Sieh dir die Kinder genau an.
Befülle das Diagramm. Ein Kind = ein blaues Kästchen.

	1	2	3	4	5	6
kurze Haare	■	■	■			
Brille						
lange Hose						
Kleid						
Rucksack						

Bastelanleitungen

1 Ordne die Bastelanleitung für Papierhände.
Verbinde passend.

Überschrift

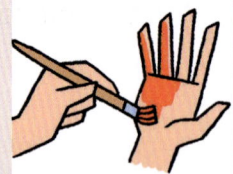

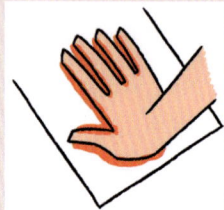

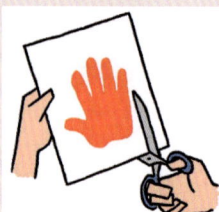

Schlusssatz

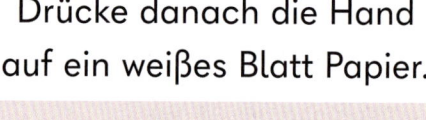
Händeabdruck

Drücke danach die Hand
auf ein weißes Blatt Papier.

Schreibe zuletzt den Namen
auf die Hand.

Du brauchst: Pinsel, Fingerfarbe,
Papier, Stift und Schere.

Bestreiche deine Hand zuerst
mit Fingerfarbe.

Schneide dann die Hand aus.

Du kannst deine Hand auf ein
Blatt kleben und aufhängen.

2 Schreibe die Bastelanleitung in dein Heft.

SB
S. 142

3 Nummeriere die Anleitung für das Schmetterlingsbild.

☐ Falte danach das Blatt noch einmal und streiche fest darüber.

☐ Klappe es zum Schluss wieder auf. Dann erscheinen die Schmetterlinge.

☐ Male dann Farbkleckse auf eine der beiden Seiten.

☐ Falte zuerst das Blatt Papier und klappe es wieder auf.

1 Du brauchst: Papier, Wasserfarbe und einen Pinsel.

Du brauchst: Papier,

Rezepte

1 Frischer Apfel-Möhren-Salat!
Nummeriere in der richtigen Reihenfolge.

☐ Rühre zum Schluss alles gut durch.

1 Zutaten: 2 Möhren, 2 Äpfel, 1 Teelöffel Zitronensaft, 1 Esslöffel Öl, 1 Esslöffel Wasser, 1 Teelöffel Zucker

☐ Rühre zuerst aus Zitronensaft, Wasser, Zucker und Öl eine Soße an.

☐ Schäle danach die Äpfel. Rasple sie und gib sie sofort in die Soße.

☐ Rasple anschließend die Möhren. Gib sie zu den Äpfeln in die Soße.

2 Schreibe das Rezept für den Apfel-Möhren-Salat auf.

Zutaten:

SB S. 144

3 Leckerer Eistee!
Nummeriere in der richtigen Reihenfolge.

	zuerst eine Kanne Früchtetee kochen

1 Zutaten:
 – 1 Liter Wasser
 – 3 Beutel Früchtetee
 – Saft einer Zitrone
 – 1 Esslöffel Zucker

	am Schluss den Tee in den Kühlschrank stellen

	danach den Saft der Zitrone und den Zucker dazugeben

	den Tee gut umrühren

4 Schreibe das Rezept für den Eistee auf.

Zutaten:

 ## Koche zuerst

 ## Gib danach

 ## Rühre

 ## Stelle am Schluss

Gedichte schreiben

1 Lies das Wortgedicht zum Herbst.
Markiere bei jedem Wort den ersten Buchstaben.

H   Haselnüsse

E   Ernte

R   Regen

B   Blätter

S   September

T   Trauben

2 Schreibe ein Wortgedicht zum Winter.
Wähle zu jedem Buchstaben ein Wort aus.

Weihnachten   Wolldecke   Tannenbaum   Teelichter

Iglu   Ingwertee   Eislaufen   Eiszapfen

Nikolaus   Nebel   Rauch   Ruhe

Weihnachten

I

N

T

E

R

SB
S. 146

3 Lies das Frühlingsgedicht.
Markiere die Reimwörter.

Auf dem Haus, auf dem <mark>Dach</mark>

macht ein schwarzes Männchen <mark>Krach</mark>.

Flötet, zwitschert, jubelt, singt,

dass es in den Ohren klingt.

Reißt den Schnabel auf und schreit:

Es ist wieder Frühlingszeit!

Heinz Brand

4 Setze die Reimwörter in das Sommergedicht ein.

spritzen   ~~klar~~   wunderbar   lutschen   toben

Den Sommer find ich wunderbar,

ins Freibad will ich, das ist **klar**!

Ich werde in der Sonne schwitzen,

danach mit kühlem Wasser _____,

neue Sprünge vom Sprungbrett proben,

mit Freunden durch das Becken _____,

von der hohen Rutsche rutschen,

genüsslich Eis am Stiel dann _____.

Ins Freibad will ich, das ist klar,

den Sommer find ich _____!

Botschaften schreiben und entschlüsseln

1 Schreibe das ABC auf der äußeren Scheibe fertig.

A = T,
V = …

2 Entziffere die Wörter mithilfe der Scheibe.
Trage die Buchstaben vom gelben Rand ein.

A	V	A	L	U	R	V	W	M
T	O	T	E	N	K	O	P	F

Z	J	O	H	A	G	R	H	Y	A	L

O	V	S	G	I	L	P	U

N	V	S	K	Z	J	O	H	A	G

3 Entziffere die Wörter. Achte auf die Anfangsbuchstaben.

a)

Pinsel	Igel	Rad	Apfel	Tür

P	I	R	A	T

Sonne	Ente	Gabel	Ente	Löffel

Ohr	Sonne	Tür	Ente	Nase

b)

4 Nutze die Scheibe von Aufgabe 1. Schreibe einen geheimen Satz.

1. Jo-Jo-Seite

1 Schreibe unter jedes Bild das passende Nomen.
Male den Anfangsbuchstaben an.

2 Ordne die Nomen nach dem ABC.

Eis • Puppe • Apfel • Heft

3 Ergänze die bestimmten Artikel.

 Brot    Katze

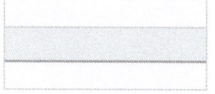 Bett   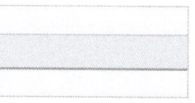 Hund

4 Verbinde passend.

Menschen   Tiere   Pflanzen   Dinge

Vater   Baum   Glas   Katze

zu den Sprachbuchkapiteln 1–3:
Großschreibung von Nomen; Nomen nach dem ABC ordnen;
bestimmte Artikel zuordnen; Nomen nach Kategorien ordnen

2. Jo-Jo-Seite

1 Setze die fehlenden Selbstlaute (Silbenkönige) ein.

Punkte
5 |

● Br___t   ● K___nd   ● B___nk   ● H___ft   ● W___rm

2 Schreibe die Nomen mit dem **bestimmten** Artikel auf.

Punkte
5 |

3 Setze die Mitlaute am Wortanfang ein.

Punkte
5 |

● ___latt   ● ___eller   ● ___atze   ● ___aus   ● ___aus

4 Schreibe die Nomen mit dem **unbestimmten** Artikel auf.

Punkte
5 |

5 Schwinge die Wörter. Zeichne Silbenbögen.

Punkte
4 |

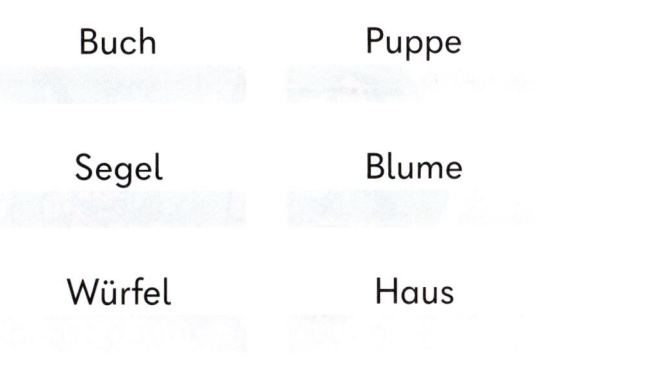

Buch   Puppe

Segel   Blume

Würfel   Haus

zu den Sprachbuchkapiteln 1–3:
Selbstlaute und Mitlaute ergänzen; Nomen mit bestimmten
und unbestimmten Artikeln aufschreiben; Silben schwingen

5. Jo-Jo-Seite

1 Zerlege die zusammengesetzten Nomen.

Punkte
8 |

das Baumhaus = ● _____ + ● _____

die Holzleiter = ● _____ + ● _____

der Spielplatz = ● _____ + ● _____

das Vogelnest = ● _____ + ● _____

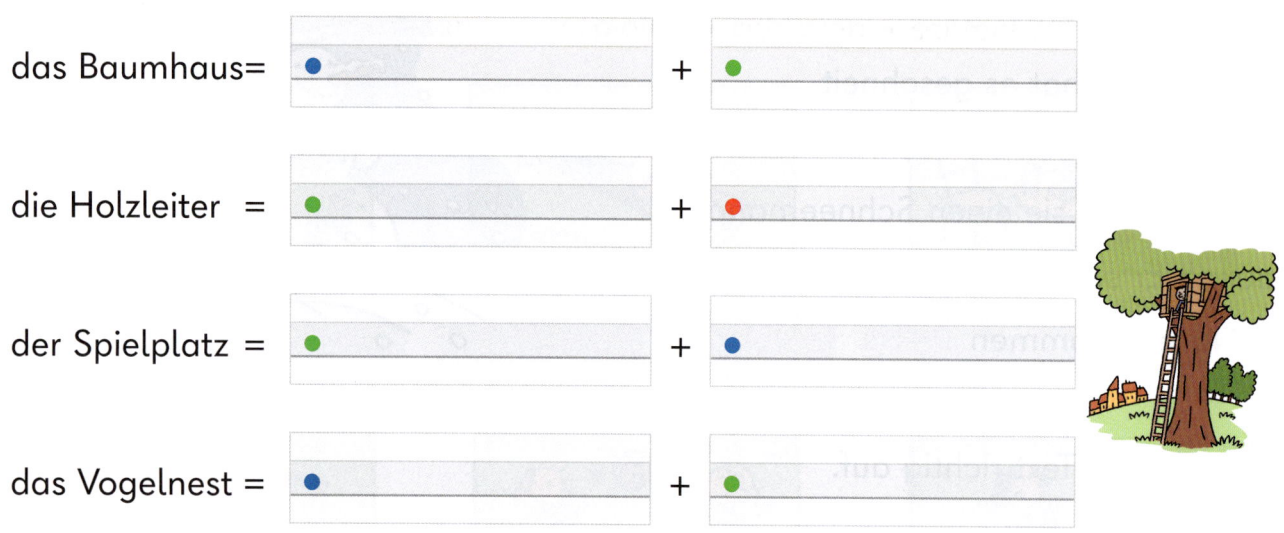

2 Setze die Nomen zusammen.
Schreibe sie richtig auf.

Punkte
4 |

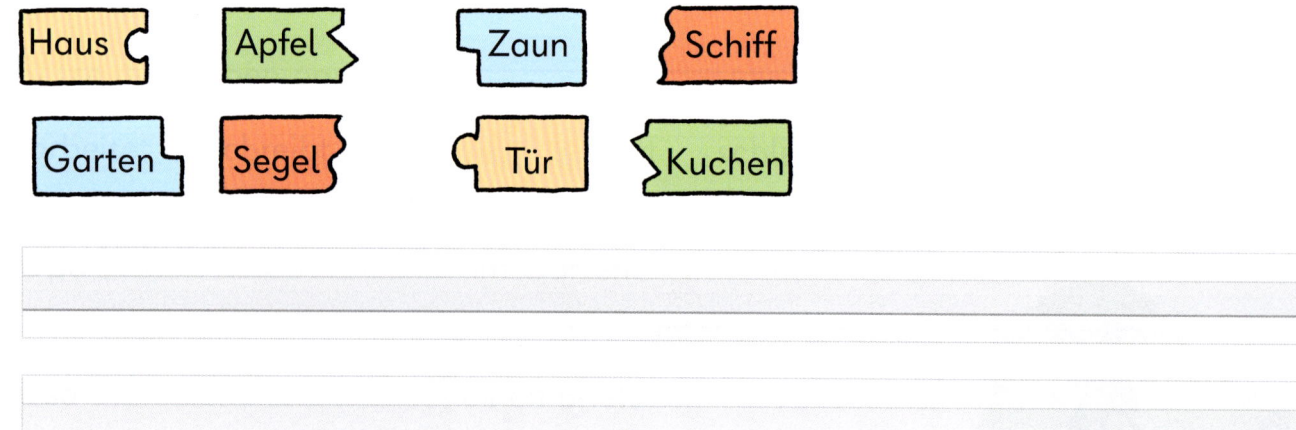

Haus · Apfel · Zaun · Schiff · Garten · Segel · Tür · Kuchen

_____

_____

3 Male in jedem Wort den Zwielaut an:

Punkte
12 |

au = blau, ei = gelb, eu = rot.

Baum	zeigen	Haus	Feuer
heiß	Freude	laut	schreiben
leise	kaufen	teuer	neu

m zu den Sprachbuchkapiteln 4–6:
zusammengesetzte Nomen trennen;
zusammengesetzte Nomen bilden; Zwielaute erkennen

6. Jo-Jo-Seite

1 Schreibe zu jedem Nomen die Mehrzahl.

die Bücher • die Hände • die Köpfe • die Häuser • die Puppen • die Spiele

das Buch –

der Kopf –

die Hand –

das Haus –

die Puppe –

das Spiel –

2 Finde zu jedem Wort ein verwandtes Wort mit **a** und **au**.

Bänke –

Zäune –

Gäste –

Mäuse –

Äpfel –

Bäume –

3 Male alle Wörter mit **ie** an.

Es ist wieder Frühling.

Hummeln fliegen zu den ersten Blüten.

Auf der Wiese im Park spielen Kinder.

Eine Frau sieht den Kindern zu.

Alle genießen den Frühling.

zu den Sprachbuchkapiteln 4–6:
Mehrzahlformen zuordnen; verwandte Wörter
mit a und au suchen; Wörter mit ie identifizieren

79

7. Jo-Jo-Seite

1 Setze **Sp/sp** oder **St/st** richtig ein.

das ▢iel   der ▢ort   ▢ielen   ▢itz

der ▢ein   der ▢ern   ▢ehen   ▢ark

2 Bilde mit den Wortbausteinen neue Verben.

be   ver

aus   unter   +   suchen

3 Setze die Verben von Aufgabe 2 passend ein.

Papa will sein Glück beim Lotto _____ .

Der Detektiv wird den Diebstahl _____ .

Am Sonntag werde ich meine Tante _____ .

Ich darf mir im Buchladen ein Buch _____ .

m zu den Sprachbuchkapiteln 7–9:
Sp/sp und St/st einsetzen; mit Wortbausteinen
neue Verben bilden und in Sätzen verwenden

8. Jo-Jo-Seite

Punkte
8

1 Male alle Wörter mit **V/v** an.

Es ist ein kalter Tag im November.

Max und Vera spielen Verstecken.

Max versteckt sich hinter einem langen Vorhang.

Plötzlich kracht es. Max schaut vorsichtig nach.

Der dicke Kater Valentin hat die schöne Vase umgestoßen!

Punkte
4

2 Lies den Text von Aufgabe 1. Setze die Adjektive passend ein.

kalt • lang • dick • schön

Der Tag ist _____ .

Der Vorhang ist _____ .

Der Kater ist _____ .

Die Vase ist _____ .

Punkte
4

3 Verbinde die Gegensätze.

| groß | warm | jung | schnell |

| kalt | alt | klein | langsam |

Punkte
8

4 Schreibe die Wortpaare von Aufgabe 3 auf.

_____

_____

_____

_____

zu den Sprachbuchkapiteln 7–9:
Wörter mit v identifizieren;
Adjektive einsetzen; Gegensatzpaare verbinden und aufschreiben

81

9. Jo-Jo-Seite

1 Unterstreiche die Wortstämme: **Spiel/spiel** grün, **Lauf/lauf** rot.

Spielerin   Spielplatz   verlaufen   Würfelspiel   Laufband

spielerisch   Laufrad   auslaufen   vorspielen   Wettlauf

2 Ordne die Wörter von Aufgabe 1 nach Wortfamilien.

spielen:

laufen:

3 Schreibe die Nomen zu den Bildern auf.
Male **el**, **en** und **er** an.

zu den Sprachbuchkapiteln 10–12:
Wortstamm identifizieren, Wörter nach Wortfamilien ordnen;
schwierige Buchstabenverbindungen: Endungen -er, -el, -en

10. Jo-Jo-Seite

1 Lies die Sätze laut.

Setze nach jedem Satz das richtige Satzschlusszeichen.

Punkte
6 |

. ? !

. ? !

Wer will zuerst erzählen

Hört mal alle zu

Ich war gestern im Zoo

Hast du die Robben gesehen

Ich habe ein Bild mitgebracht

Zeig mal her

2 Ordne die Sätze von Aufgabe 1.

Punkte
6 |

Aussagesätze:

Fragesätze:

Ausrufesätze:

zu den Sprachbuchkapiteln 10–12:
Satzarten unterscheiden und passende Satzschlusszeichen setzen;
Sätze den passenden Satzarten zuordnen

83

11. Jo-Jo-Seite

1 Schreibe zu jedem Wort die Verlängerung.
Male **b**, **d** und **g** an.

 die Hand – alle

 der Dieb – alle

 der Berg – alle

 der Korb – alle

 der Hund – alle

2 Male die doppelten Mitlaute an.

Rüssel	Kanne	Sessel
Tanne	Treppe	Suppe
Kissen	Lippe	Sonne

3 Ordne die Wörter von Aufgabe 2.

ss:

nn:

pp:

zu den Sprachbuchkapiteln 10–12:
Wörter mit Auslautverhärtung verlängern;
doppelte Mitlaute markieren und Wörter danach ordnen

12. Jo-Jo-Seite

1 Lies den Text aufmerksam.

Paul sitzt traurig auf dem Bett.
Er streichelt seine braune Katze Minka.
„Nun schau nicht so traurig, Paul", tröstet ihn Mama.
„Minka ist doch gut versorgt."
Und seine Schwester Lisa meint:
„Außerdem brauchen Katzen keinen Urlaub."

Dann steigen alle in das rote Auto und fahren los.
Nach einer Weile raschelt es im Kofferraum.
Vater bremst und alle drehen sich erstaunt um.
Da sehen sie Minka im Kofferraum.
Paul freut sich: „Katzen brauchen doch Urlaub."

2 Lies den Text noch einmal. Kreuze an.

Punkte 3

Wie heißt Pauls Katze?	Wer ist Lisa?	Wo taucht Minka am Ende auf?
Lisa	Pauls Mutter	im Garten
Minka	Pauls Schwester	im Katzenkorb
Hasso	Pauls Cousine	im Kofferraum

3 Male in den richtigen Farben an.

Punkte 2

zu allen Sprachbuchkapiteln:
sinnerfassendes Lesen; Fragen zu einem Text beantworten;
Bilder nach Textinformationen ausmalen

85

Kontrollblätter zu den Jo-Jo Seiten

1. Jo-Jo-Seite

1 Schreibe unter jedes Bild das passende Nomen.
Male den Anfangsbuchstaben an.

Punkte 3 |

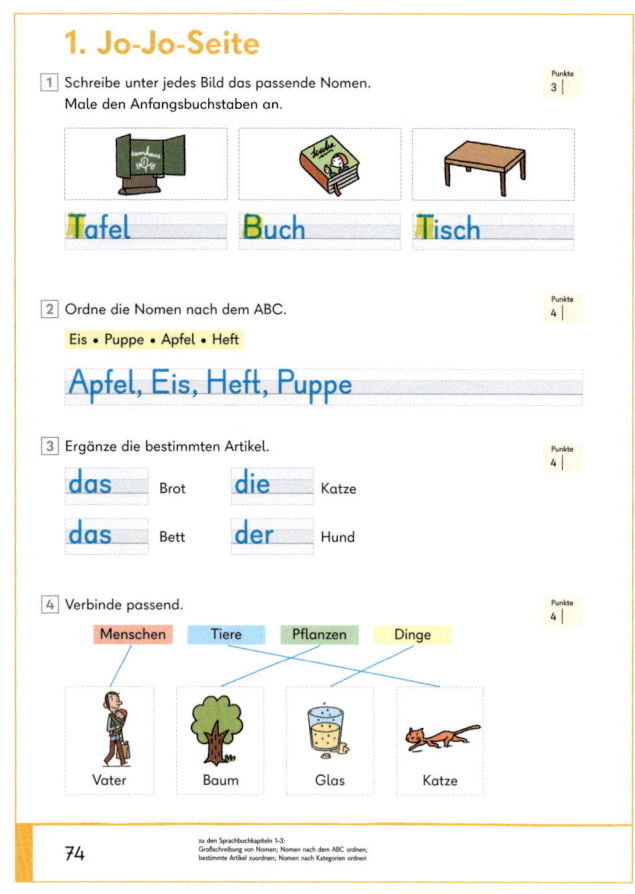

Tafel   **B**uch   **T**isch

2 Ordne die Nomen nach dem ABC.

Punkte 4 |

Eis • Puppe • Apfel • Heft

Apfel, Eis, Heft, Puppe

3 Ergänze die bestimmten Artikel.

Punkte 4 |

das Brot   **die** Katze

das Bett   **der** Hund

4 Verbinde passend.

Punkte 4 |

Menschen   Tiere   Pflanzen   Dinge

Vater   Baum   Glas   Katze

74

zu den Sprachbuchkapiteln 1-3:
Großschreibung von Nomen; Nomen nach dem ABC ordnen;
bestimmte Artikel zuordnen; Nomen nach Kategorien ordnen

2. Jo-Jo-Seite

1 Setze die fehlenden Selbstlaute (Silbenkönige) ein.

Punkte 5 |

• Br **o** t   • K **i** nd   • B **a** nk   • H **e** ft   • W **u** rm

2 Schreibe die Nomen mit dem **bestimmten** Artikel auf.

Punkte 5 |

das Brot, das Kind, die Bank,

das Heft, der Wurm

3 Setze die Mitlaute am Wortanfang ein.

Punkte 5 |

B latt   **T** eller   **K** atze   **H** aus   **M** aus

4 Schreibe die Nomen mit dem **unbestimmten** Artikel auf.

Punkte 5 |

ein Blatt, ein Teller, eine Katze,

ein Haus, eine Maus

5 Schwinge die Wörter. Zeichne Silbenbögen.

Punkte 4 |

Buch   Puppe

Segel   Blume

Würfel   Haus

75

zu den Sprachbuchkapiteln 1-3:
Selbstlaute und Mitlaute ergänzen; Nomen mit bestimmten
und unbestimmten Artikeln aufschreiben; Silben schwingen

3. Jo-Jo-Seite

1 Ordne jedem Bild ein Verb zu.

Punkte 6 |

schreiben • arbeiten • lesen   spielen • schlafen • schlecken

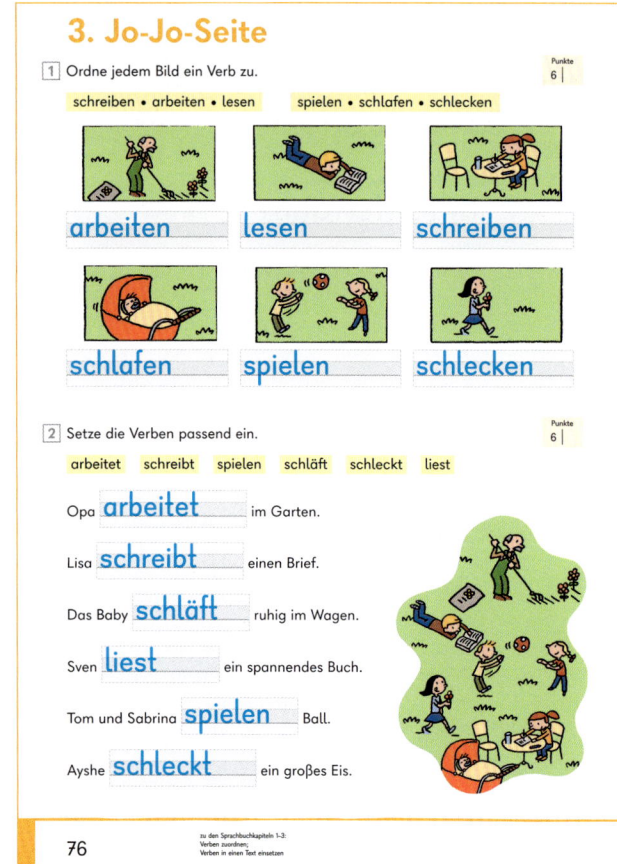

arbeiten   lesen   schreiben

schlafen   spielen   schlecken

2 Setze die Verben passend ein.

Punkte 6 |

arbeitet   schreibt   spielen   schläft   schleckt   liest

Opa **arbeitet** im Garten.

Lisa **schreibt** einen Brief.

Das Baby **schläft** ruhig im Wagen.

Sven **liest** ein spannendes Buch.

Tom und Sabrina **spielen** Ball.

Ayshe **schleckt** ein großes Eis.

76

zu den Sprachbuchkapiteln 1-3:
Verben zuordnen;
Verben in einen Text einsetzen

4. Jo-Jo-Seite

1 Setze nach jedem Satzende einen Punkt.
Male die Satzanfänge an.

Punkte 4 |

Heute Nacht hat es geschneit **.**
Die Kinder freuen sich sehr **.**
Gleich wollen sie einen Schneemann
bauen **.** **E**r soll eine Mohrrübe
als Nase bekommen **.**

2 Schreibe den Text richtig auf.

Punkte 8 |

Heute Nacht hat es geschneit.

Die Kinder freuen sich sehr.

Gleich wollen sie einen Schneemann

bauen. Er soll eine Mohrrübe

als Nase bekommen.

3 Lies die Sätze laut.
Setze die passenden Satzschlusszeichen.

Punkte 4 |

.   **.**   **?**   **?**

Ich habe meine Brotdose vergessen **.**
Wann holst du mich ab **?**
Ich bin müde **.**
Kannst du mir mal helfen **?**

77

zu den Sprachbuchkapiteln 4-6:
Satzgrenzen erkennen; Großschreibung am Satzanfang;
Frage- und Aussagesatz unterscheiden

Kontrollblätter zu den Jo-Jo Seiten

5. Jo-Jo-Seite

1 Zerlege die zusammengesetzten Nomen. — Punkte 8

das Baumhaus = • Baum + • Haus

die Holzleiter = • Holz + • Leiter

der Spielplatz = • Spiel + • Platz

das Vogelnest = • Vogel + • Nest

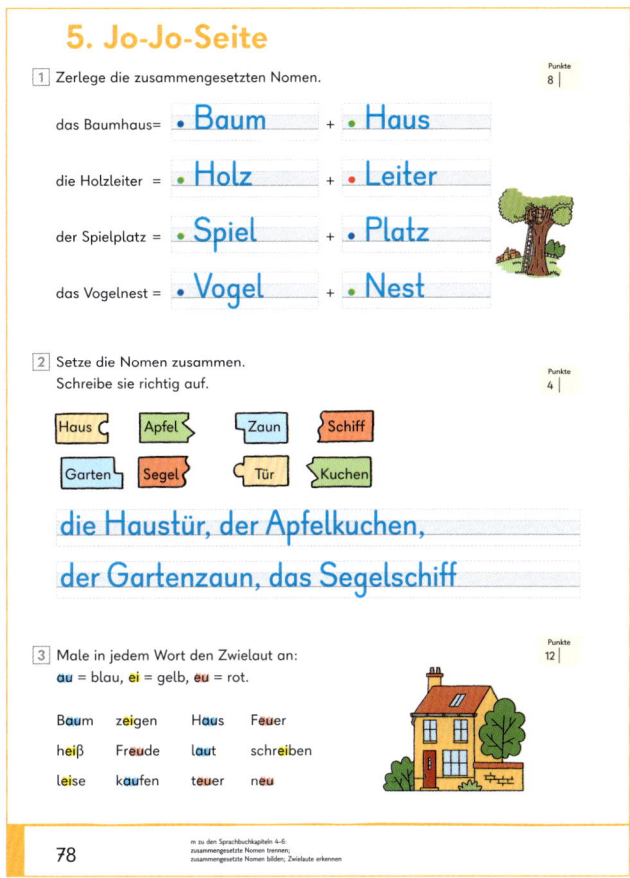

2 Setze die Nomen zusammen. Schreibe sie richtig auf. — Punkte 4

Haus · Apfel · Zaun · Schiff · Garten · Segel · Tür · Kuchen

die Haustür, der Apfelkuchen,

der Gartenzaun, das Segelschiff

3 Male in jedem Wort den Zwielaut an: — Punkte 12
au = blau, **ei** = gelb, **eu** = rot.

Baum	zeigen	Haus	Feuer
heiß	Freude	laut	schreiben
leise	kaufen	teuer	neu

78 — zu den Sprachbuchkapiteln 4–6: zusammengesetzte Nomen trennen; zusammengesetzte Nomen bilden; Zwielaute erkennen

6. Jo-Jo-Seite

1 Schreibe zu jedem Nomen die Mehrzahl. — Punkte 6

die Bücher • die Hände • die Köpfe • die Häuser • die Puppen • die Spiele

das Buch – die Bücher   der Kopf – die Köpfe

die Hand – die Hände   das Haus – die Häuser

die Puppe – die Puppen   das Spiel – die Spiele

2 Finde zu jedem Wort ein verwandtes Wort mit **a** und **au**. — Punkte 6

Bänke – Bank   Zäune – Zaun

Gäste – Gast   Mäuse – Maus

Äpfel – Apfel   Bäume – Baum

3 Male alle Wörter mit **ie** an. — Punkte 6

Es ist wieder Frühling.
Hummeln fliegen zu den ersten Blüten.
Auf der Wiese im Park spielen Kinder.
Eine Frau sieht den Kindern zu.
Alle genießen den Frühling.

79 — zu den Sprachbuchkapiteln 4–6: Mehrzahlformen zuordnen; verwandte Wörter mit a und au suchen; Wörter mit ie identifizieren

7. Jo-Jo-Seite

1 Setze **Sp/sp** oder **St/st** richtig ein. — Punkte 8

das Sp iel   der Sp ort   sp ielen   sp itz

der St ein   der St ern   st ehen   st ark

2 Bilde mit den Wortbausteinen neue Verben. — Punkte 4

be · ver · aus · unter + suchen

besuchen, aussuchen, versuchen,

untersuchen

3 Setze die Verben von Aufgabe 2 passend ein. — Punkte 4

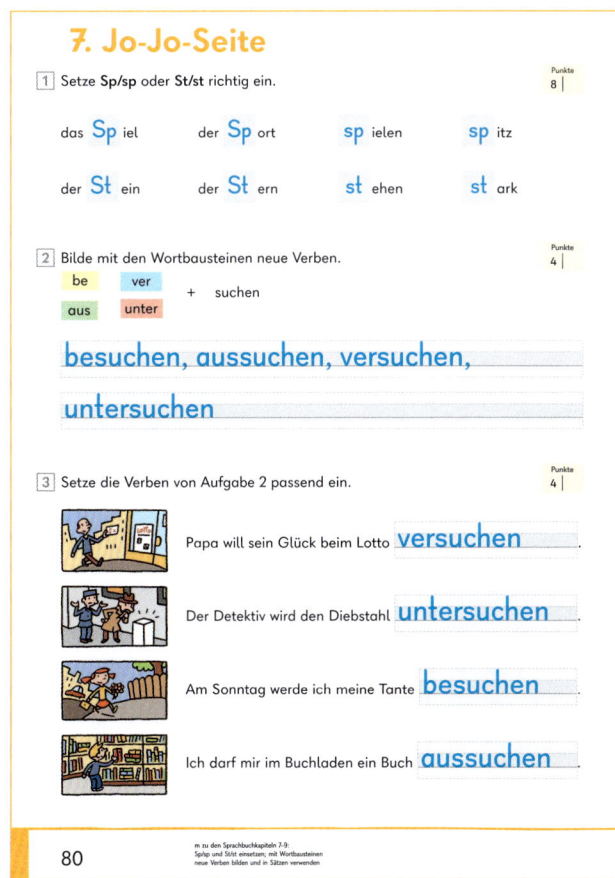

Papa will sein Glück beim Lotto versuchen.

Der Detektiv wird den Diebstahl untersuchen.

Am Sonntag werde ich meine Tante besuchen.

Ich darf mir im Buchladen ein Buch aussuchen.

80 — zu den Sprachbuchkapiteln 7–9: Sp/sp und St/st einsetzen; mit Wortbausteinen neue Verben bilden und in Sätzen verwenden

8. Jo-Jo-Seite

1 Male alle Wörter mit **V/v** an. — Punkte 8

Es ist ein kalter Tag im November.
Max und Vera spielen Verstecken.
Max versteckt sich hinter einem langen Vorhang.
Plötzlich kracht es. Max schaut vorsichtig nach.
Der dicke Kater Valentin hat die schöne Vase umgestoßen!

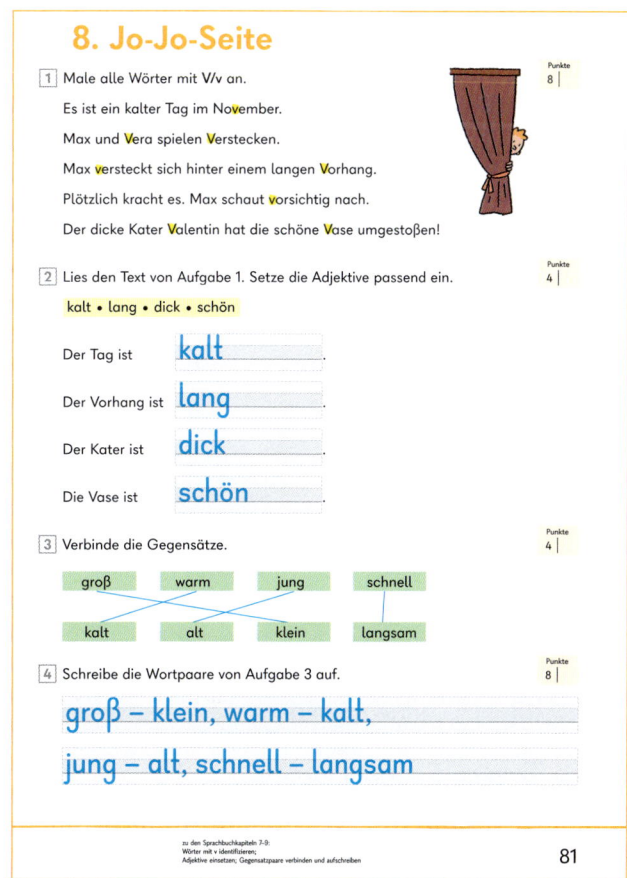

2 Lies den Text von Aufgabe 1. Setze die Adjektive passend ein. — Punkte 4

kalt • lang • dick • schön

Der Tag ist kalt.

Der Vorhang ist lang.

Der Kater ist dick.

Die Vase ist schön.

3 Verbinde die Gegensätze. — Punkte 4

groß · warm · jung · schnell

kalt · alt · klein · langsam

4 Schreibe die Wortpaare von Aufgabe 3 auf. — Punkte 8

groß – klein, warm – kalt,

jung – alt, schnell – langsam

81 — zu den Sprachbuchkapiteln 7–9: Wörter mit v identifizieren; Adjektive einsetzen; Gegensatzpaare verbinden und aufschreiben

87

Kontrollblätter zu den Jo-Jo Seiten

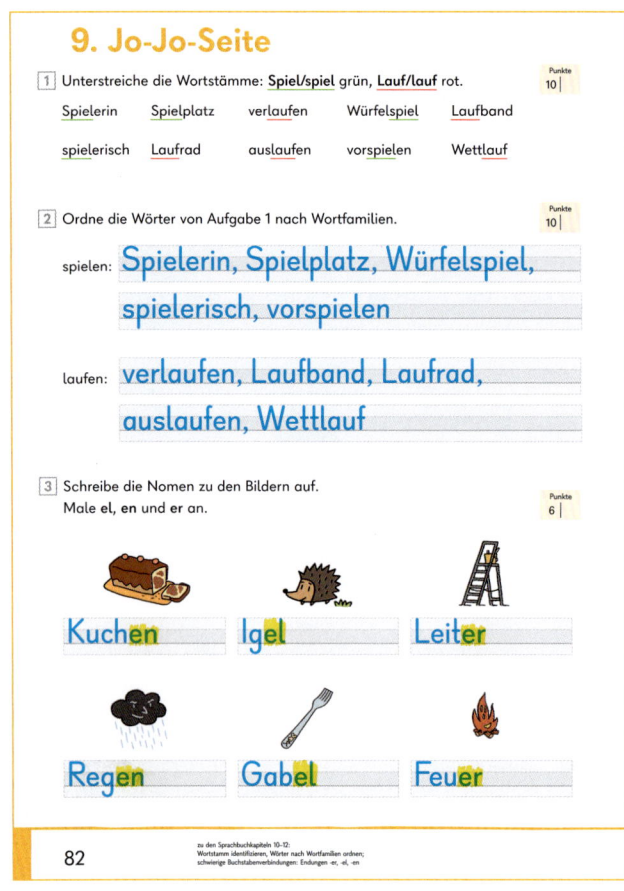

9. Jo-Jo-Seite

1 Unterstreiche die Wortstämme: **Spiel/spiel** grün, **Lauf/lauf** rot. Punkte 10

Spielerin Spielplatz verlaufen Würfelspiel Laufband

spielerisch Laufrad auslaufen vorspielen Wettlauf

2 Ordne die Wörter von Aufgabe 1 nach Wortfamilien. Punkte 10

spielen: **Spielerin, Spielplatz, Würfelspiel, spielerisch, vorspielen**

laufen: **verlaufen, Laufband, Laufrad, auslaufen, Wettlauf**

3 Schreibe die Nomen zu den Bildern auf.
Male el, en und er an. Punkte 6

Kuchen **Igel** **Leiter**

Regen **Gabel** **Feuer**

82 zu den Sprachbuchkapiteln 10-12:
Wortstamm identifizieren, Wörter nach Wortfamilien ordnen;
schwierige Buchstabenverbindungen: Endungen -er, -el, -en

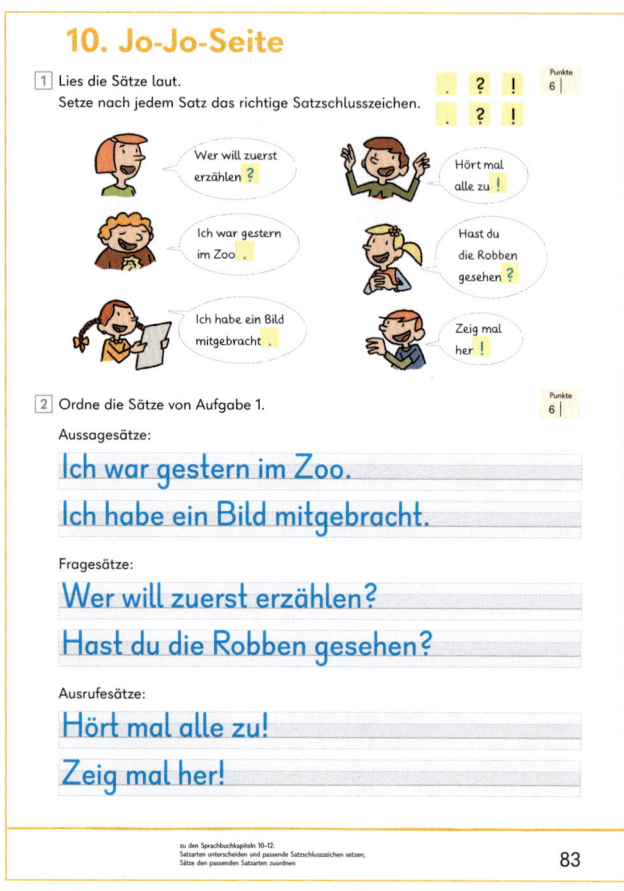

10. Jo-Jo-Seite

1 Lies die Sätze laut.
Setze nach jedem Satz das richtige Satzschlusszeichen. Punkte 6

. ? !
. ? !

Wer will zuerst erzählen **?**

Ich war gestern im Zoo **.**

Ich habe ein Bild mitgebracht **.**

Hört mal alle zu **!**

Hast du die Robben gesehen **?**

Zeig mal her **!**

2 Ordne die Sätze von Aufgabe 1. Punkte 6

Aussagesätze:

Ich war gestern im Zoo.

Ich habe ein Bild mitgebracht.

Fragesätze:

Wer will zuerst erzählen?

Hast du die Robben gesehen?

Ausrufesätze:

Hört mal alle zu!

Zeig mal her!

83 zu den Sprachbuchkapiteln 10-12:
Satzarten unterscheiden und passende Satzschlusszeichen setzen;
Sätze den passenden Satzarten zuordnen

11. Jo-Jo-Seite

1 Schreibe zu jedem Wort die Verlängerung.
Male b, d und g an. Punkte 10

die Hand – alle **Hände**

der Dieb – alle **Diebe**

der Berg – alle **Berge**

der Korb – alle **Körbe**

der Hund – alle **Hunde**

2 Male die doppelten Mitlaute an. Punkte 9

Rüssel Kanne Sessel
Tanne Treppe Suppe
Kissen Lippe Sonne

3 Ordne die Wörter von Aufgabe 2. Punkte 9

ss: **Rüssel, Sessel, Kissen**

nn: **Kanne, Tanne, Sonne**

pp: **Treppe, Suppe, Lippe**

84 zu den Sprachbuchkapiteln 10-12:
Wörter mit Auslautverhärtung verlängern;
doppelte Mitlaute markieren und Wörter danach ordnen

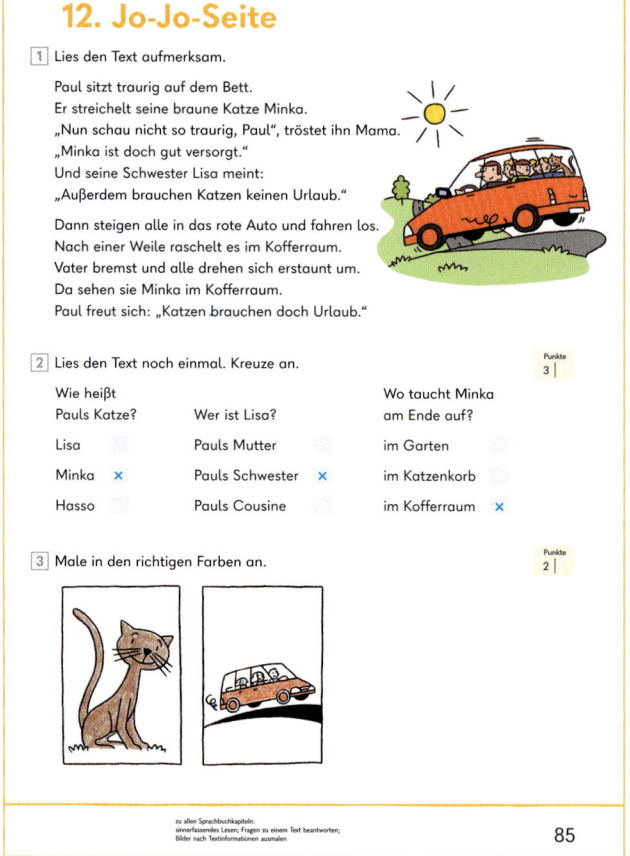

12. Jo-Jo-Seite

1 Lies den Text aufmerksam.

Paul sitzt traurig auf dem Bett.
Er streichelt seine braune Katze Minka.
„Nun schau nicht so traurig, Paul", tröstet ihn Mama.
„Minka ist doch gut versorgt."
Und seine Schwester Lisa meint:
„Außerdem brauchen Katzen keinen Urlaub."

Dann steigen alle in das rote Auto und fahren los.
Nach einer Weile raschelt es im Kofferraum.
Vater bremst und alle drehen sich erstaunt um.
Da sehen sie Minka im Kofferraum.
Paul freut sich: „Katzen brauchen doch Urlaub."

2 Lies den Text noch einmal. Kreuze an. Punkte 3

Wie heißt Pauls Katze?	Wer ist Lisa?	Wo taucht Minka am Ende auf?
Lisa	Pauls Mutter	im Garten
Minka ✕	Pauls Schwester ✕	im Katzenkorb
Hasso	Pauls Cousine	im Kofferraum ✕

3 Male in den richtigen Farben an. Punkte 2

85 zu allen Sprachbuchkapiteln:
sinnerfassendes Lesen; Fragen zu einem Text beantworten;
Bilder nach Textinformationen ausmalen